JN436725

아름다운 사랑으로 가는 믿음과 소망

정 유 정

정유정 시집

아름다운 사랑으로 가는 믿음과 소망

초판1쇄 2024년 7월 15일

지은이 / 정유정
펴낸이 / 이규종
펴낸곳 / 엘맨출판사
등록번호 / 제2020-000033호
등록된곳 / 서울시 마포구 토정로222
한국출판콘텐츠센터 422-3
전화 / 02-6401-7004
팩스 / 02-323-6416
이메일 / elman1985@hanmail.net
홈페이지 / www.elman.kr

ISBN 978-89-5515-771-0

이 책에 대한 무단 전재 및 복제를 금합니다.
잘못된 책은 구입하신 서점에서 바꿔드립니다.

값 13,800 원

아름다운 사랑으로 가는
믿음과 소망

정 유 정

차 례

2부_장 애 우

3부_사 랑

간증

2001년 대구 대명동에서 한방돼지갈비집을 했었다.

음식 솜씨가 좋고 명랑한 성격 탓인지 식당이 잘 운영되었다.

그 당시 난 교회엔 한 번도 간 적 없었고 관심조차도 없었다. 그냥 사람들을 좋아하고 신뢰하면서 살았다. 성탄절이 다가오고 생전 처음으로 제일 큰 트리를 사서 꾸며보고 손님이 주고 간 캐럴송을 24일부터 식당에 틀어놓았다.

난 음악이라면 뭐든지 좋아하는 편이다. 12월 25일 밤 10시에 식당을 마치고 일하는 애들이랑 노래방을 가기로 해서 일을 마치고 화장실을 갔다가 손을 씻었는데 귓속에서 자그마하고 자상한 음성이 나를 불렀다. 나중에 교회에 다니고 안 사실인데 성령 하나님이 역사하신 것 같다.

"누구세요?" "네 아버지다." 이것이 무얼까 잠시 생각했을 뿐 성령님은 나에게 강하게 임하셨다. 어떻게 해야 하나 생각하다가 교회는 어디에 있는지 모르겠고 대명성당이 생각이 나서 멀리 떨어진 그곳에 가서 헌금함에 5천원을 넣고 가게 더 잘되게 해달라고 기도 아닌 읊조림을 하고는 예배실 문쪽으로 발길을 돌렸는데 1.3m쯤 남겨두고 강한 빛이랄까 전기라고 할까 오른쪽 옆머리를 통과해서 순식간에 왼쪽 발바닥을 통과했다.

알 수 없는 가슴 떨림과 몸의 변화.

26일 가게문을 열면서 내게 닥친 이 변화는 무얼까 일을 하는 도중 계속 생각했다.

하나님은 전혀 모르면서 전도를 하러 편의점, 어묵 파는 트럭, 슈퍼, 포장마차 또다른 가게들을 다니며 하나님에 대해 말하고 만원을 주며 하나님이 주시는 크리스마스 선물이라며 다녔다. 이야기를 할 땐 들리지 않던 "내 주를 가까이 하게 함은" 찬송가 1절이 거리에 나왔을때 하늘에서 울리는 것처럼 내 귀에 강하게 계속 들렸다. 한번은 '십자가 짐같은'이라는 말이 무슨 말인지도 모르면서 '아. 내 남은 인생이 힘들겠구나' 라고 생각했었다.

만원짜리 40장을 돌리고 가는데 30대쯤 보이는 남자가 술을 마셨는지 비틀거리며 앞에 가고 있었다. 좋은날에 근심이 있나 생각하며 뛰어가서 그 남자에게 10만원짜리 수표 1장을 주며 "하나님 믿고 교회에 다니세요." 하니 "아가씨"라고 부르는 것을 마다하고 지나쳐 뛰어갔다.

다음날 대구 수성구에서 이쁜 아끼던 겨울자켓을 벗어서 다른 사람을 주라 해서 주고 티를 입고 아버지가 시키는 대로 아버지를 실망시키지 않으려고 마음을 다져가며 망설임없이 행동으로 옮기며 실천했다. 또 동네 한바퀴를 돌고 태양을 보니 태양이 블루색깔로 바뀌어 빙글빙글 돈다. 또 동네 한바퀴를 도니 하늘에서 꽃가루가 하염없이 내리는데 너무나 아름다웠다.

힘들 때마다 그 꽃가루를 생각하며 많이 위로를 받았다.

"아버지, 내 혈액형은 O형인데 아버지는 뭔가요?" "난 널 다 받아주는 U형이란다." 어떤 분이냐고 물으면 아름답다고를 많이 강조한 정말 어둠을 모르시는 분이시기에 그렇게 아름답다고, 내가 네 아버지다라고 강조했을까. 아버지가 소원을 말해 보라고 해서 내년 월드컵이 잘 되었으면 좋겠다고 말씀드렸다. 부나 명예를 구하지 못한 게 돈이 많으면 배고픈 이를 많이 도울 수 있는데 좀 어리석었다.

많은 세월이 흘러서 50살 늦은 나이에 교회에 다녔다. 교회 다니기 전에도 꽃밭에서를 다른 가사로 조금 바꿔 부르곤 했다.

'꽃밭에 앉아서 꽃잎을 보네 하나님은 어디에서 왔을까 아름다운 여호와 여호와 이렇게 좋은날에 이렇게 좋은날에 주님이 오신다면 얼마나 좋을까.'

그리고 새벽기도를 다닐 때 기도를 할줄 몰라 '기도 잘하게 해주세요'라고만 작게 읊조렸다. 몇 달이 지나고 순식간에 내 머리에 꽂힌 기도제목 4가지를 적어본다.

'하나님 아버지, 이 세상을 살아가는 모든 백성들 단 한 명이라도 더 구원을 주시어 천국으로 인도하여 주소서.' '아버지, 주님의 십자가 보혈 헛되지 않게 하소서.' '아버지 저는 가난하고 어리석은 사람이오니 천국을 풍성하게 하소서(풍성은 천국백성들).' '아버지, 아버지의 왼쪽 그들이 아름다워지도록 그 아름다움을 볼 수 있도록 천국의 문

을 빨리 여소서.'

독자 여러분, 하나님을 믿는 사람이든 아니든 전 사람을 좋아합니다. 한번쯤은 창조주 하나님을 생각하셨으면 합니다. 날 세상 날라리가 아닌 하나님 날라리로 예쁘게 보아 주십시오. 감사합니다. 사랑합니다.

1부

하나님 바라기

예수님은 나의 전부

당신이 없었다면
당신 존재를 몰랐다면
내 죄는 영원히 붉었으리라
있을 수 없는 이유로
이 땅에 빛 내리지 않았다면
내 죄를 모르리라

자주 내게 묻곤 한다
난 무얼까
하나님이 사랑스러운 만큼
그래서 굵은 눈망울
세찬 비가 창문에 스며들 듯
주체할 수 없는 그리움의 눈물의 정체

당신으로 인해 살아가지만
당신으로 인하여 난 오늘도 죽는다

오뚜기처럼 살아온 인생
이젠 결코 아파하지 않고
쓰러지지도 않으리라
주님은 날 또 새롭게 살게 하시니까

윤석전 목사님의 기쁨

기쁨이라는 책을 읽었다
진실한 기독교인만이 느낄 수 있는 기쁨
100% 이해가 되었다는 건
나의 거짓말이 아니다
주님을 향한 내 믿음은 더 커질수
없을 만큼 높다랗다
사람들이 사랑스럽다
귀엽다
그들을 보고 있자니 즐겁기까지 하다
물론 얼굴과 뇌를 찡그리게 하는 이도 있기는 하다만

찾아보기도 한다 사람에게 하나씩의 향기가 있다
나의 향기는 어떠할까
타인들은 어떻게 볼까 나란 사람을

세상 날라리가 아닌 하나님 날라리
가끔 아니 많이들 오해하고 있다는 게
가슴이 아프다
주님, 내가 주님 사랑하는 마음을
내 몸으로 표현할테니
좋은 향기 스미게 하소서

주님을 아는 슬픔이 주는 찬란함

이른 새벽 잠자리를 떨치기도 전
입을 오므려 말 한 마디를 토해봅니다
'당신만 사랑합니다 감사합니다'

지구에선 내 삶이 다하는 날까지
이렇게 몇마디 인사를 하지만
당신 나라에선 뵈올 때마다
향기를 맡으며 품속으로 내 작은 몸
스며들 수 있는 건가요

당신을 향한 애절함은
슬프기까지 합니다
하지만 주님
달라도 아주 많이 다르답니다
세상이 주는 슬픔과는
비교되지 않습니다
당신 향한 슬픔은 찬란하기까지 합니다
그래서 주님
한번 창문을 열고
온몸의 힘을 다하여서
외치고 외치고 또 외칩니다
보고 싶습니다
사랑합니다

천부여

"천부여 의지 없어서 손 들고 옵니다"
많은 시간들 그전에 난 항복하고
두손 들었어요
주님의 모든 뜻 걸어가신 사랑덩어리 삶을
좇아가고 달려가다보면 어느덧 주님 날개 아래
천국에 머무리이다

주님
언젠가 당신 앞에 서게 되리라
자그마하게 뭘하며 살아왔냐며 물으시리라
살아온 삶 때문이 아니라
당신의 은혜로 인해 뜨거운 눈물이 쏟아지리라
그러면
당신께선 그 곱고 아름다운 빛으로
온화하고 어여쁜 당신만의 한 떨기 꽃으로
영원히 함께하리라

그날을 기대하며 웃으며 열심히 살아가리라
당신의 빛에 고개 떨구지 않게끔
사랑 전하며 당당하게 걸어가리라
지금 이 시각 그 날개 속 당신의 따스함을
살포시 눈을 감고는 상상해 봅니다
그 사랑 감사합니다

동행

내가 뭐라고
당신께선 자꾸만

풀잎보다 못한
내가 무엇이라
사랑을 알게 하고

난 나였는데
자기애가 강한 아이였고 여자였는데
자신을 사랑해야 타인을 사랑할 수 있다는
나만의 사랑방식을 가졌었는데

이제는
아빠만 바라게 하네요

수줍어서 당신 생각하면
고개 떨구는 게 정녕 아닙니다

그 놀라운 사랑에 감탄하고
굵은 눈물 줄기가 하염없음입니다
뭘 하며 살아갈 지가 고민 중
한참을 머리를 헤집고 생각해보니

그래요 당신은

내가 걸어가야 하는 길에
언제든 어디서든 동행하시는 참 감사한 분이십니다

하나님 날라리

당신의 사랑은 높습니다
하늘 꼭대기 저 높은 곳도
당신 사랑 표현할 수 없어요

당신의 사랑은 넓습니다
우주 공간 어느 한계도
그 마음 헤아릴 수 없네요

당신의 사랑은 깊습니다
바다 밑 저 아래 그 어떤 것도
감히 헤아릴 수 없는 감미로운 깊음이 있네요

내가 당신 사랑 멋들어지게 노래하고
춤으로 승화할 수 있다면
천국행을 포기하더라도 지구를 돌며
돌아오지 않을 메아리가 된다 하여도
춤추며 찬송하며 그 사랑 고함치고 싶어요

하지만 하나님
이 생애 종지부를 찍을 때
주님의 손길이 날 부르리란 걸
하나님 날라리 유정이는 잘 알고 있네요
믿음이 있고 사랑이 있고
당신께 바라는 소망을 가진
귀여운 하나님 날라리

그 사랑

주님이 지고 가신
십자가 그 길
그 사랑
묵상해 보노라

주홍글씨로 그분의 사랑을
가슴에 인장을 찍어본다

힘드시지 않았을까
신이신 그가 제일 낮고 낮은 자리에서
아파하지 않았을까

그렇다
우리들을 향한
사랑이 승리하지 않았을까

사랑! 숭고 그 자체
고귀함으로도 표현할 수 없는
사랑 죽음까지도 뛰어넘은
영원히 우리와 함께할
무어라 단정지을 수 없는
그 사랑을 오늘 나는
성경 속을 헤집어 보노라

주님의 사랑이 험한 세상살이에도
고요한 숨을 유지하고 있구나

나그네 인생

난 조증인데
그래서 그리하여서
조금은 세상이 살만 한데

당신은 당신께선 조울증을 주십니다
당신께 가고파
이 세상과 이별하고
죽음이라는 열차를 당신께로 영원히
머물러 이 나그네 인생
마침표를 맞이하였으면
그치만 아버지
내가 알잖아요
주신 달란트 흡족지 않다면
당당히 주님 앞에 설 수 없다는
나라는 작은 아이

그래서
슬퍼서 터지는 이 커다란 눈물방울
이 멍울림은 당신께 향하는 기도가 끝나면
당신 날개 아래 포근히 안기운 새근새근
평온함을 찾을 거란 걸
난 너무나도 잘 알고 있어요
감사한 마음 당신께선 아시리라
사랑합니다
당신이 날 지으신 순간 그날부터
영원까지

꽃

순결을 펼치어
사랑을 지킨 몽우리
꽃잎을 여는구나

세찬 비바람에도
비 내리지 않는 가쁜 호흡에도
화들짝 피어오른 꽃

감히 순결한 꽃과
우리는 마주 설 수 있을까

꽃 몽우리가 입을 열었을 때
무한한 감사를 드리자
하나님은 꽃보다
천배 만배나
더 아름답게 우리와 마주 서시리

믿음, 소망, 사랑으로
피어 오를 때
하나님과 마주 서기에
멈춤은 없지 않을까 하노라

아름다운 약속

우릴 지으시면서 당신께서 하신
아름다운 약속 있을테지요

우리는 없는 듯 망각하며
당신까지도 외면하며 살는지 모르지만

당신께선 결코 잊지 않고
열심히 인생의 운전대를 잡고 있습니다

사랑이란 증표 위에
이쁘게만 써놓지 않은
곳곳의 아픔 또한 있을 터지만
당신은 두눈 부릅뜨고는
숱한 별빛마냥
반짝이도록 하는 것일 테지요

언제나 우리들을 운행하시는
우리 구주 예수님
항상 어디서든
어떤 시공간을 헤집으며
찬양, 찬양하옵니다

아름다운 미소

한량없는 은혜
보잘것없는 아빠 딸
아무것도 없어도 그분(당신)의 사랑으로
해처럼 웃고 사는 아빠 딸

강건하라고 늘 말씀하시는 그 이유는
난잡한 세상속에서도 굳건히
당신만 바라기하며
헤쳐나가라는 말씀 아닐까

두려움 없어라 두려움에 무엇이 있던가
아빠는 내가 많이 사랑스러운가보다
그 사랑, 세상에 전파하며
아빠의 눈물인 백성들을
사랑하고 사랑하며 또 사랑하리라

멍청하게 가만히 있자니
은혜만이 떠오른다
아빠, 왜 날 이른 아침부터
울게 만드는건가요
아빠, 아빠, 나의 아빠, 내 아빠
사랑합니다 이 한몸 불태우리라
그 먼곳에서도 당신 사랑 표현하며
살아가는 귀여운 정이
제발 나를 보며
아름다운 미소 지으시길 바라니이다

거목

꽃이 피면
황홀하게 그것을 만끽하지만
떨어지는 그 꽃
아쉬워 애잔함을 가지기도 하지만

이내 풀잎에 맺힌 아롱진 이슬이
사라지듯이 마음에서
그 꽃을 바라보던 고운 눈에서 잊혀져 간다

우리네 인간은 마찬가지이리
몇천배 꽃잎보다 더 살아가는 인생이지만
아름답게 피어오른 적이 있던가

가지지 못하고 태어나
빈손으로 가는게 세상 속담이지만
하나님 사랑하는 우리들은
달라야 하지 않나

보내심을 받고 이 땅에 심기어
그분의 사랑으로
자라고 자라 아버지 아름다움
더하고 더하여
세상에 늘 푸른 거목이 되도록

거기서 누군가 단 한 생명이라도 쉬어가고
쉼터가 되어준다면
생애 마지막 웃으며
아버지에게로 돌아갈 수 있으리오

그저 받는 소망

좋으신 하나님이라 부르짖으면
세상 부, 명예 주시리라고
착각 속에 살아가는 이들이
교회 안에도 있으리라

소원이 이루어지지않으면
하나님 살아있냐며 고함치는 이들이
참진리 모르는 이들이
과연 하나님 자녀라고
입으로 말하고 있네요

아버지는 성경대로
그 본보기가 되어
그대로 살아달라 원하지는 않을 거지만

성경 속을 마음으로 헤아리면
부도 명예도 내려놓겠지요
내려놓으면 낮은 데로 낮아져서
하나님 바라보면
그 크신 능력의 하나님이
일하시게 되겠지요

여러분은 믿으세요
믿음이 있으면 사랑의 행위가 있고
천국은 저절로 소망이 되는 것이 아니라
그저 우리는 받기만 하면 된다는 걸

사랑의 행위

알 수 없는 게 인간들 마음이라지만
참 모를 것이 또 어려운 게 아버지입니다
산이 나무로 빽빽하게
무질서로 보이지만
산속에 들어가야 여러 가지 것들을
체험할 수 있는 것이리라

하나님이라는 큰 산에 놀라지 말라
온유하고 오래 참으시고 노하지 않으시며
성경책에 쓰여진 대로
빛이 진주 눈물 가진 그 마음이
애잔할 수밖에…

진주를 몸에다 치장 말고
그 구슬 하나하나로
아버지 작고도 큰 눈망울에 그 사랑 보며
보답하면 어떨까

행위 없는 사랑은 메아리 없는 고함 뿐이리
사랑은 평온하기만 할까
잔잔한 호수에 돌멩이 하나 던져도
사랑의 행위라면
아버지는 껄껄 웃으시리라

고난 뒤 축복

고난 뒤에 축복이
참 기쁨임을 알았습니다
매서운 찬바람을 맞고 집에 들어갔을 때
그 포근함이 행복임을 느낍니다

54세 내 살아온 인생길
당신을 만났던 건 고난 중에 고난이었죠
한 번도 당신을 떠나지 않았던 건
나에게 보내준 있을 수 없는
풍성한 선물 때문일까요
당신과 함께하는 고난은 고난이 아님을
깨닫습니다
믿었고 사랑했고 당신에게 가는 소망까지
기도하고 기다리는 난 기쁨입니다

단 한 번도 날 떠나지 않았다는
그 말씀 되돌아보면 나보다 당신이
많이 아파했음을, 늘 내 곁에 있음을 알았기에
고난도 받아 즐길 수 있는 유정이가 되었어요
감사합니다 진정 사랑하옵니다
당신은 그 어떤 것보다 위대합니다

임마누엘

지금, 나의 흐르는 눈물이
보이시지 않으십니까
늘 함께 동행하신다니 내게 닥친
고난을 왜 외면하시나이까

당신이 고개 돌리면
난 누굴 바라보며
살아야 하는 건가요

사랑의 여호와시여
난 당신뿐이니 나와 늘
함께 동행하소서

늪지대로 자꾸 빨려들어가
내 삶은 진흙 구덩이에다

아버지 찬란한 태양을
내가 쬐듯이
내게서 등을 보이시지 마소서

내 삶은 당신 것입니다
주여 당신의 옳은 길로
날 인도하소서

감사

이 곳은 추운 냉동실 같다
춥다 춥다 하면 더 추우니까
의젓하게 춥지 않은 척…
몸은 마음을 따라가리

나는 하나님의 귀한 자녀이다
어려운 일을 당할 때도
우리 아버지는
내 마음과 육신까지도 돌보신다

우리 아빠 얼마나 멋진 분일까
상상이 되지 않는 나의 상상력을 꾸짖는다

사랑하는 나의 신이시여
왜 이다지도 오래오래 날 찾지 않았나요
늦게나마 당신을 알아
무척이나 행복하다오

당신을 사랑하는 난
날로날로 사랑이 커져가네
아버지 날 빨리 데려가요
그리움 보고픔에 눈물이 되어 흐르며
무조건 오늘은 감사한 하루네요
안녕히 이 어두움을 앗아갈
달님을 주신 것도 감사합니다

당신은 누구시길래

누구시길래 날 애태우는가
고맙다고 사랑한다고 하고선
고난을 주는 당신은 누구시길래
온 마음으로 사랑하고 믿고 소망하는데
왜 자꾸만 시험을 이기지 못하는 걸까
시험에 들면 난 당신을 더욱더 사랑하게 된다
언제든지 내 곁에 있다는 걸 잘 알기에
마음이 아픈 이곳에서도
난 웃는다 껄껄껄 하하하
사람이 아름답다는 걸 주님을 만난 후 알았고
난 더욱 사람들을 사랑하게 되었다
난 누굴까 누구길래 이다지도
깊이 여호와를 사랑하는걸까
사랑합니다
소망을 담아 당신만을 믿습니다
나의 주 여호와

사랑, 믿음, 소망

당신이 흘리는 눈물은
나 또한 울게 하네
제발 당신이시여 울지 말라고
눈물 모아 시를 지어 올리리라
떠나는 건 자유이지만
난 어떡하라구 허락하리까
내가 눈물이면 당신은 강물이 되리라
모든 걸 받아주는 호숫가에 빛나는 태양이 되리라
거기서 우리 잔잔히 반짝이는 강물에서
바다로 가기까지 함께 흘러가리오
거기서 영원히 예배드리면
당신은 흡족히 우리를 빛나게 하소서
사랑은 이런 것이라
믿음은 사랑 안에 있음을
우리 모두 소망할 때까지
우리를 돌보시사
천국에 올라갈 때까지
우리들에게 안식처를 주소서
감사합니다

손짓

팔개월째 당신의 향기를 맡을 수 없어요
당신을 찬양하는 찬송을
한번도 들을 수가 없어요

이곳은 당신을 외면하네요
살아간다는 게 독감처럼
내 온몸과 영혼을 갉아먹고 있어요

그대 내게 언제쯤 당신에게 새벽예배
드릴 수 있게 은혜를 내려주시려나

마음이 아파
온몸에 세포들이 반대로 역행하네요
당신을 사랑한 걸 후회한 적은 결단코 없어요

내 것이기에… 내 것이기에…
날 보고 당신께 오라고
손짓할 날을 기다립니다

사랑은 사랑을 기르잖아요
어디서든 난 당신을 사랑하옵니다
영원히… 영원히…

반항

서러운 눈물이 흐릅니다
내 인생에 왜 이렇게
외로움 주십니까
인간으로는 채울 수 없는 공허함
대체 무엇입니까

자살하면 왜 당신께로 갈 수 없는 겁니까
보고파서 당신이 보고파서
아빠와 함께이고자
제 목숨 죽이는 건데도
안 되는 건 안 되는 것입니까

아버지 무엇으로 날 지으신 건가요
제 심장에 당신바라기하라고
눈물을 주신 겁니까

왜 당신 눈물 생각하는 마음을 지니고
세상에선 웃어야만 합니까

무너지고 무너지고
다시 또, 또, 또, 일어서지만
당신 은혜는 끝이 없고
갚을 수 없음에
이 죄인 오늘도 엎드립니다

선인장화

선인장을 지으려다
날 만든 게 아닌가 하는
허무맹랑한 착각

늘 가시돋움이 있지만
몸속에 눈물로써
아름다이 피어오르는 선인장화

이 인간이 거스르고
저 인간이 무어라 하든
미세한 작은 반응에도 가시로 마음표현하지만
내 마음 중앙엔 그대들을 위한
뜨거운 기도의 눈물이 있다네

그것이 그대들을 사랑할 수 있는
어여쁜 꽃이 되어가지

여러분도 기다리고 기다리어
한송이 꽃을 바라보며
한번쯤 웃어주길 바라요
기도를 해주면 더~욱 감사하구요

한 가지

내게 한 가지
내 남은 인생 평생을 걸고

내게 단 한 가지
내 남은 기쁨을 주께 드리고

마지막 오로지 한 가지
소망 하나 품어보네

아버지 온전한 마음
알 수 있는 그런 지혜의 한 줄기
그 은혜 내리소서

아버지 생각하면 때로는 아파오는
알 수 없는 멍울림을
나 조차도 알 수 없는 어리석음

주님, 제 마음 사하지 마시고
당신의 눈물의 의미
제 가슴에 온전히 내리소서

세상을 이기었노라

진정 세상을 이긴 자만이
천국으로 갈 수 있을 것이다
천국행은 포기도
타인에게 줄 수도
남에게 받을 수도
자기의 믿음으로
하나님 품에 안기고
사랑의 실천으로 면류관은 더욱 빛나리

천국에서
하나님 더 가까이
그 보좌 앞에 조금 더 가까이에서
영원히 살 수만 있다면

하지만
그렇지만
바람은 크고
사랑 실천은 더디어만 가니

어찌하리까
주님 어찌하리까

예배

무릎을 꿇습니다
무릎이 아파 일어날 수도 없습니다
미동도 없이 고요함 속에서 당신을 불러봅니다
나의 아빠 아버지
아버지께 걸어가는 그 달콤한 새벽예배는
왜 이리 멀기만 하는 걸까요
그 예전 참된 예배를 날마다 올렸던
날 잊으신 건 아닌가요
쓰러질까 너무 오래 걸린 그 예배를
날 쓰러지게 할까봐
당신의 손짓은 그만 멈춰버린 건가요
다시 열리는 첫 예배는
나의 기도도 아니요
타인을 위한 기도도 아니리라
오로지 당신 한 분만을 위한
내 간절함의 간구
마음껏 입술에 힘을 다해
당신 귀에만 들리도록 외치고 외치리라

떨리움

아버지, 지금 내 몸의
떨림을 보시옵니까
굵은 눈망울 주체없고
당신 보고파
심히 떨리옵니다
감사합니다
하나님 은혜
영원히 잊지 않겠습니다
언제나 지켜주실 거라는 건 알고 있습니다
당신의 눈물도
제 눈에 담습니다
영혼이 밝아지기를 바라며…
언제나 내 눈에 당신이 보는 어두운 영혼과
함께하리라 간절히 기원하며
당신을 담겠습니다
그리고 걸어가겠습니다
세상 속에서 한 발자국 걸으며
지금은 먼 듯한 하늘나라 그곳에 가기까지
정성을 다해 걸어가겠습니다

정체성

주님은 죄사함 하며
구원 주시려
높고 높은 보좌를 떠나
어둠인 이 세상에 빛이 되었다면
나에겐 무언가
아빠의 뜻이 분명 있을진대
별다른 달란트가 없구나
지나간 세월을 되돌아보니
태풍이 휘몰아친 파도와도 같았구나

아빠는 무엇입니까
그래요 내게 찾아와 아름답다고 강조한
정말 어둠과는 사귈 수 없는
오직 빛이십니다

솔로몬처럼 지혜를 달라 기도하지 않겠습니다
식사를 하면서 항상 배고픈 이들을 생각하며
감사히 먹을 수 있고
내 밥그릇 그들에게 전할수 있는
진정한 베품을 알게 하소서

'믿음, 소망, 사랑 그 아름다움을 주님께 바칩니다'

사랑이라고 할까요
난 그렇게 믿어요
믿음이 있기에 난 오늘도
열심히 살아가고 있어요
당신을 알면 소망을 가지게 되기도 하지요

당신도 나도 우린 영원히 사랑 중일 겁니다

날 사랑한다고 고맙다고 하고서도
내 고난에 방관자가 되기도 하지만
괜찮아요
시와 때에 맞게 고난도 축복이고
웃을 수밖에 없는 색다른 환희를 주시니
고난 뒤에 오는 평온함, 승리의 기쁨

알 수 없었던 생각들
여러 종류의 자유, 평화
그 무한대 사랑을 지금 한꺼번에 받고 싶진 않아요
지금 현시점에서는 더더욱
만약 그렇다면 난 하늘이 그리워
눈물로 이 생을 살아갈테니

눈동자

지금 아빠는 어느 곳에 눈길이 향하나요
그 눈동자에 나도 머무르기를
갈망합니다
아주 작고 작은
밟히고 밟히면 잡초와도 같은 내가
당신의 따사로운 눈에
익고 익어 나이답게 영글어가네요
무엇이라고 부를까요
당신 같은 큰 존재인 신을
아빠라고 부르는 나 자신조차
감당할 수 없음에
다리를 굳게 무릎 꿇고
자그마니 소리없는 외침을 합니다
아버지
아빠
눈물이 흐르네요
마구 흐르는 이 눈물
커다란 손으로 훑으소서
세상이 싫어 울었던 아이가
당신이 사랑스러워
감사해
울어버리는 숙성된 어른이 되어갑니다

포도송이

내 존재
삶의 불투명성
나의 가치
인생의 확실성을 모른 채
불완전함 안에서
찾아다니는
인간들의 부와 명예, 건강

그냥 살아있으니 시간에
맡겨진 일상을
그 흔적이 불행하지 않으려
약자 뒤에 강자로 살기 위해
무던히도 노력하는 보통사람들
강자가 되게 한 어느 하나라도
잃지 않도록 밤조차도 헤매었다
주를 믿고 주안에서 사는 우리는
보통 이와 다른 것 같다

주를 위해 사는 인생은
잘익은 포도송이처럼
탐스런 인생이다
그 맛나는 포도는
주님께선 흡족해 하시리라

괜찮아요

"어떤 분이세요
착하게 살았나요"

"거짓말도 잘하고
열심히 살지를 못했어요"

"괜찮아요 하나님은 용서의 하나님이랍니다
지금부터는 잘하시면 된답니다"

"사는 게 많이 힘들어요
남들은 잘사는데 왜 나는 불행한가요"

"괜찮아요 오직 주만 바라세요
마음에 평안이 와요
다행히도 우리에게 천국이 있잖아요
소망을 가져요 주님은 고난을 이기게 하시고
참된 기쁨을 주셔요"

하나님 믿고 사랑하면
무한대의 하나님이
무엇인들 주시지 않으시겠어요
그렇죠
그래요

그 시절

그때 그 시절
그 순간들을 잊으려
애를 써보아도
노력하여도 잊을 수 없는
하나님과의 만남들

교회에 다니며
말씀과 대하며
더욱 소중한 추억이라는 걸
어리석은 나는 당신께 감사했고
그 시절이 그립기까지 하다

그때 그 시절은 빛난다
살아가야 하는 어떤 아픔도 고뇌도
녹여버리는
태양빛과도 같은 광채

고운빛
내 생을 밝게 비추는 아름다움
지금 내 생이 밝은 건
그 시절이 나의 뇌리에
마음에 각인되어 있기에
난 마냥 웃으며 기쁨으로
매초매초 감사하며
살아가고 있구나

천국

천국 소망을 바라고 있는 난
때로는 슬픔이다

하나님과의 삶을 갈망한다

천국으로 가고 싶은 삶은
조울증이다
기뻤다가 그리워서 슬펐다가

천국은 주님이 없다면
천국일 수는 없어라

주님 없는 천국에서
영원히 살고 싶지는 않다

기쁜 삶이라도 잠시 머물다
공중에서 사라지길

하나님의 빛 그 아름다움과
사랑의 주님 날개 아래라면
영원히 살아도
모자라지 않을까

즐겁게 천국 백성들과 어우러져 사는 삶
기대를 하며 오늘도 우리들은 살아갈테지

내 입술의 떨림

한 발자국 내딛게 해 주십시오
그리고 나아가게 하십시오
달려가 내 품으로 아버지를 닮은 사랑으로
배고픈 아이들을 돌보게 해 주십시오
강건하겠습니다 두려워하지 않겠습니다
세상에서 훨훨 날아 아버지 뜻 펼쳐 보리라
주책없는 눈물 용서하십시오
이제는 강한 여인이 되겠어요
어리석은 자가 아니라 아버지 주신 말씀대로
지혜를 갈구합니다

내 몸속 깊은 곳 세포들까지
당신께만 향하겠나이다
세상에서 살아가지만
세상을 등지고 살아가기도 합니다
어울릴 수 없는 나란 여자이지만
섞여 살아야지 아버지의 어린양을
아버지 품으로 인도할 수 있으리라

눈을 감습니다
뜨거운 눈물이 흐릅니다
내 얼굴에 문질러서 내 작은 입술에 떨리웁니다
감사합니다
감사합니다
아버지는 내 입술의 떨림까지 사랑하십니다

당신은

당신은 나의 무엇입니까
우주만물을 창조하신
멋진 분이십니다

턱턱 숨이 막히는 건
산소가 부족함이 아니요

그 산소가 사라져
당신 빛으로만 당신이 있는 그곳에서
늘 항상 바라볼 수는 없는 겁니다

서로 기대며 살아가는 게 세상 이치이고
아버지의 뜻일 텐데
아무도 없는 무인도에 머무르고픈
이 아픈 여인은
어떤 엉터리 진리에 살아있는 건가요

사랑에 취하다

인간들은 사랑에 제대로 취하지 못해
온갖 우상 돈
명예
술에 의지하는 것입니다

사람에 취해보니 쓸 데 없는 것들이
너무나도 눈에 들어오네요
사랑에 취해 있는 순간
누구도 부러워하지 않고
오직 내 사랑에 취해 봅니다

하나님 아버지는 사랑 그 자체이시니
우리를 사랑에 두고
천국까지 만들어
하나님에 취한 자들을
영원까지 두려
마음껏 사랑에 취한 자들을 위하여
영원한 파티에 초대장을 쓰신 것이리라

비

하늘과 땅을 이어주는
한 줄기 빗님을 감상하며
물론 어떤 이에게 추억을 떠올리는
조그마한 시간을 우리에게 주소서

나에게 비란
때로는 주님의 사랑으로
한편으론 눈물로
그분의 마음을 승화시키는
하나의 작품이라는 것을

오늘 자유가 박탈된 내 심장에도
그 아픔으로
요란하게 퍼붓고 있구나

어지러운 갇힌 공간 속에서 신이 주신
아름다움을 만끽하는 것은 미치광이가 될 수 있음을

아~ 나의 신이신 아버지여
당신이 주시는 비를
내 온몸을 자극하여 느끼게 하소서
이 작은 몸에서 토해내는 한숨이
비로 내리는건지
떨리는 심정으로 기도하옵니다

달맞이꽃 당신

세상빛이 밝아오면
나의 얼굴 가리어요
수줍어서가 아니라
그 빛은 내게는 가시 같은 것

그로 인해 내 얼굴 숨기어요
어쩌다 내민 얼굴에
가시는 심장도 찌를 수 있기에

난 날 사랑하려
소중한 떨림도 들키기 싫어
꼬옥 꼭 숨소리도 잠들어 버려요

한밤중 별빛의 속삭임에
달빛의 은은함에
주님이 한 잎 한 잎 피어오른
내 얼굴 보시려
가까이 다가서네요

그래요 지금의 이 평화
당신만이 손짓하는 사랑입니다
그 두 손 내가 잡으리라
꽃은 당신 사랑으로 인하여
세상까지 아름다이 피어오릅니다
영원한 그곳까지

그곳에선(천국)

그곳에선 사슴처럼 뛰어놀 수 있겠지
그곳에선 구름처럼 두둥실 날아오를 수 있겠지
사랑, 소망, 믿음이 있는 그곳에선
환희가 주는 행복을 누리며 살테지
맛있는 잔치 음식과 향기로운 음료가
아무리 먹어도 살이 찌지 않고
멋진 몸매로 아버지 음성을 들으며
아마 춤을 추면서 예배를 드리지는 않을까
아버지 죄인인 우리에게 천국 주셔서 감사합니다
영원한 당신의 딸이 되어
빛으로 당신을 닮아가겠죠
감사합니다
사랑합니다

2부

장애우

자유

살아있기에 감사한 건 아니다
살아있음은 내겐 불행이다
하늘 언저리 어디라도 구석진 모퉁이라도
하나님과 함께 있어 그와 함께한다면
하루빨리 그와 동행하기를 소망하며
주어진 삶에
내게 주신 삶들에
최선을 다하리라

아빠가 우는 것 같다
그를 바라보는 내 심정에
눈망울 보며 그가 우는 것 같다
자유를 어디에다 저당잡히고
따사로운 햇살 아래에도 서지 못하는 걸까
자유! 살아오며 이토록 애절하게
갈망한 적이 있었던가

자유를 누리는 너네들은 무엇이고
좁은 공간에 많은 아픔이 부대끼며
살 수밖에 없는 우리들은 무언가

자유의 소중함을 알게 해준 이곳에 우리들은 감사라도 해야 하나

자유의 무게
내 인생의 또 다른 획을 그을 것 같다

작은 천국

장미만 가시가 있던가
보통 선인장은 가시가
서러워 마음에 눈물을 머금고 있구나
소나무도 늘 푸르름에 지치어
하늘 향해 뾰족한 가시로
뭉게구름 하늘을 질투하고 있구나

나란 여잔 어떤가
어느 때라도 날 쏘아보면
언제나 준비가 되어있는 입속의 혀가
가시로 뭉쳐져 있구나

주님의 사랑을 닮으려
그 향기 내 몸에 스며들게
성경책 읽고 찬송가도 부르고
내 눈물을 머금게 하는
여러 장애우들

선으로 악을 이기라는 주옥 같은 말씀
나의 선으로 악을 순화시키어
이 세상 더 살맛나는 작은 천국이 되기를
떨리는 가슴으로 주님을 불러본다

장애우(1)

매서운 눈길을 받으면서
인간이 인간을 불쌍하게
볼 수는 없는 것이온데
우리들은 그들을 가여워하기도 합니다
주님, 두 손 모두 잘린 청년이
지하철에서 돈을 요구하며 다닙니다
어떻게 밥을 먹냐고 묻고선
조그마한 돈을 가방에 넣었어요
주님의 이치(섭리)는 무엇인가요
그가 무슨 죄로 그렇게 살게 하였나요
조그맣게 두 손 모아 작은 소리로
잠시 기도드립니다
나 또한 그 못지않게 영혼의 손이 없는
정신장애자입니다
저희들을 굽어살피소서
하늘을 향해 밝게 웃으며
삶을 살아가게 하소서

모아 모아서

사랑 모으기를 하려 합니다
하나님 사랑 모아
당신들의 사랑 모아서
여태껏 배워온 진실한 사랑만 모이
주님 오시기 전 장애우를 위한
아버지 믿음 전하기를 시작하려 합니다

고난이 닥치겠죠
억울한 눈물도 흘리리라
속상함은 오직 주께만 두고
그저 사랑만 가지고 가리다
주님께서 가르쳐준 사랑만이
가장 뛰어난 무기리라

험한 세상 무너지면 주님이 일으키고
쓰러지면 안아주시리라
누군가를 위해 주님 안에서
사랑을 실천하리라

담대하게 하소서

하나님을 믿으면 교인답게
교인들은 더 넓은 마음으로
사랑을 전하기를 바라요
오늘 발달장애아가 권사님께
욕을 하며 물건을 던졌네요
아버지 사랑이 많이 고픈가보네요
그 장면이 날 울게 했어요
아이가 짊어진 무게 내게 내리소서
사랑으로만 당신의 사랑만이
아픈 아이 멍든 가슴 치유하리라

내 사랑이 모자라네요
그 자리에서 무릎 꿇고
아버지께 통곡하고픈
이 바보 같은 마음만 짓눌리네요

저를 용서하소서
아직 나약한 이 마음
아버지의 강함으로 이끄시고
담대하게 하소서
사랑의 빛이 곳에
내리어 주소서

아름다운 천국

세상은 그럽디다
사랑은 영원하지 않노라고
성경의 하나님 말씀을 한마디로 하면
사랑입니다
줘도 아깝지 않은 거룩하고
존귀한 숭고함 그 자체 영원한 사랑

세상은 그럽디다
하루라도 더 오래 살기를 바란다고
개똥밭에 굴러도 저승보단 이승이 낫다고

난 한시라도 이 세상을 등지고
하늘로 가고 싶어요
아름다운 천국이
온갖 꽃과 사물들이 주님을 찬양하고
늘 향기로운 영원한 그 곳에서
천국 백성들과 사랑을 하며 어우러져
영원한 삶을 주신 아버지와 함께인
그 곳은 어떨까요
소아마비로 다리를 절며 살았던 이는
제일 멋진 다리를 선물받으리라
여러분, 상상이 되신가요?

장애우(2)

토끼풀 이파리 속을
이파리 하나 더 생긴 네잎클로버를
찾느라 집중하고는 해요
그 행운이 자신에게 있기를 바라며
또는 어떤 이의 행운을 원하며
선물하고는 합니다
하나 더 가진 것이 하나 모자라는 것보다
좋은 걸까요
제가 가진 게 하나라도 더 있으면
주님의 길에 내려놓으려 합니다
주님 뜻대로 사용되길 바라며
하나 가진 것 없어도 모자라는 인생이지만
그것마저도 내려놓습니다
난 지적장애인의 순수한 그 모습들을
사랑합니다
사랑하니까 또한 닮으려고도 합니다
주님! 저에게
강하면서도 순수한 마음 하나
가지게 하소서
그러면 그 순수 당신께 바치오리다

주님의 눈망울

낮아져라 하셨으니 낮은 곳을 봅니다
세상에 어두운 곳은 주님을 찾을 여력도
없어 빛만을 그리워합니다
험한 세상, 물질만능시대가 오면서
어두운 곳은 그 빛마저 희롱을 합니다
아버지 뜻이라면 저를 제일 낮고 낮은
곳으로 인도하소서
내 길이 뭘까
내 십자가 어디까지일까
아무리 무겁던들 주님의 십자가에 비할까
난 낮은 데서 조금 더 낮아졌을 뿐
무엇을 바라리
이젠 알 것 같다 왜 그토록
"내 주를 가까이 하게 함을" 1절이 우렁찼던 이유를
아빠가 보고 싶다
그 분을 알고 그 만큼의 시간이 흐르면
아빠께 갈 수 있으리라
당당하게 웃으며 가야지
고개 숙일 수는 없다
내 인생의 의미
두 손이 없는 이의 한 손이라도 되어주며
발달장애아에게 주님의 눈망울이 되리라
가시밭 위에도 꽃은 어여쁘기만 하다

꽃잎 하나

세상 속 사람들의 입방아가
되어야만 하는 이들
장애우를 위해 시를 쓰라는 말씀이
당황케 한다
무슨 재주로 그들을 표현할까

세상 바람에 꽃잎 하나 떨어진다
아무렇지 않게 밟고 지나가며 무신경한 사람들
꽃잎이다
한번쯤은 아름다우려 부르짖고는
어디론가 사라지는 한 떨기 떨림이다
낙엽도 되어보고
풀잎도 되어보고
푸르른 소나무도 되어보고
탐스런 꽃도 되어보자

하나님은 모든 곳에 계시니
무언들 두려우리요

그분이 주신 사명을 거부하면
나로 인해 눈멍울 지을테니
주님도 우리들에게
고개 돌리지는 마소서
그 간절한 기도에 당신의 사랑에
배고파 하나이다

주님과의 동행

마음이 아파 정신장애를 가졌든
어떤 이유로 지체장애자가 됐던지
여러분 삶을 절대로 포기하지 말아요
어두운 곳에 형광등 빛이 적게 스미지만
우리 하나님은 그런 이들에게 더 강렬한
빛을 주시고 뜨거운 눈물을 흘린 답니다
구원으로 이끌려고 그들에게서 사단을 물리치려고
무던히도 당신 품에 안기길 기다리십니다
우리 하나님 눈물짓게 하지 말아요
영원 전부터 정말 살아계십니다
하나님 계신 세상이 왜 이러냐 탓하지 말아요
그분에게는 규율, 규칙이란 게 있답니다
정직을 원하시는 분이세요
사랑 베풀기를 바라시는 분이세요
우리는 어두운 이웃을 사랑하며
천국으로 한 발자국 나아갑시다
주님이 동행하니
자기를 탓한다든가
타인을 탓한다든가
신을 탓한다든가
원망일랑 말아요

낮아져야 해요

혹여 아빠가 절 버리신다면
자살해서라도 하늘나라 그 어딘가에서
주님의 심판 받을지어다

낮아져라
낮아져라
무얼그리 저에게 원하십니까
어떻게 여기서 더 내려놓을까요
아빠만 있으면 된다고 하면서
세상으로 나가려하는 내가 미우신 겁니까
세상과는 타협하지 말까요
세상을 알아야지 세상에 무너진 이들을 알테죠
묵묵히 작은 여기서 아빠만 생각하며 살까요
그럴수 있겠죠
그러니 제발 절 외면만은 마세요

살리시지 말지 왜 날 살리셨어요
강물에 뛰어들면 죽어야 하는데 왜!
원망이 아닙니다
아버지 일 하러 나가려 하는 것이지
세상이 그리워서도 아닌 걸
무심한 아버지시여
오늘은 원망하며 울음 참는
저를 불쌍히 여기소서

용서하소서

내 멋대로
내 선에서
장애자를 볼 때면
가엾고 불쌍하였죠
생각만 하였지
사랑으로 다가서지는 않았었죠
나와는 거리가 먼 타인이라
생각한 게 어리석었습니다
용서하소서 그런 날 가엽게 여기소서
하나님과 만남이 컸을까요
정신장애자가 되고 내 마음에
정신장애를 담았습니다
지체장애를 만들든 배우자를 장애자로 주든
그들을 내 눈에 담게 하소서
아버지는 불공평 속에 공평을 바라나요
누가 잘났든 그렇지 않든
세잎클로버든 네잎클로버든
어우러지게 살기를 원하나요
모두 다같이 질서있고
조화로운 대자연 앞에
나눔보다는 평등해지기를
여린 가슴으로 기도를 토해 봅니다

내가 가진 것

남에게 없는 게
내가 가진 것 있네요
하나님의 선물
그분을 사랑할 수밖에 없는
고통을 수반한 사랑

바다같이 넓고 깊으라고
바다만을 생각하라는 이름까지
살며시 떠오르는 해같이
아름다이 지는 숭고한 해처럼 울림을 주라며

주님을 만나고 찾아온 조증까지도
사랑하는 바보 같은 하늘 향한 사랑

여러분은 하나님을 아시나요
그분이 살아계심을 믿나요
안타깝게도 수많은 여러 장애우들
그 마음 알아가도록
그들을 위해 눈물 흘리도록
가르치고 길들이신 우리 주님

제가 한 걸음 떼어놓습니다
하나님을 제가 믿듯이
당신 또한 나를 믿기를

어쩔 수 없는 사랑에 가슴 쿵쾅거림으로 기도 올려요
아빠 제발

영원에서 영원까지

일어서려 했습니다
마음은 명령하는데 몸을 가눌 수가 없어요
몸은 일어서는데 마음이 먹구름이라 휘청거립니다
장애는 그런 것 같아요
알 수 없는 삐걱거림
여러분 감히 정말이지 감히
제가 이런 말을 합니다
고칠 수 없는 장애라면 우리 껴안고
사랑하며 살아가기로
죄송합니다
저를 탓하여 주십시오

살면서 조그마한 아픔에도
심하게 반응했던 마음
하지만 작은 기쁨 하나에도
정말 행복했던 나
처음부터 조증이라는 꼬리표를 달고
세상에 보내졌던 걸까요
이유는 알려 하지 않을 겁니다
아버지께서 처음과 끝 영원에서 영원까지
우리는 그분의 아들과 딸이니
다 같이 천국으로 가는 그분의 섭리일테니

초등학교까진 조용한 아이였죠
내 마음에 그때부터 주님이 계신 것 같습니다
착한 게 좋은 거라 분명 신이 판단해
멋진 인생 주실거라고

주문을 외우고 마음에 각인시키며
선과 악을 판단하는 신이 꼭 계시기를
기도 아닌 기도란 걸 읊조렸습니다

빈자리의 감사

명성교회 김하나 목사님의 빈자리를 가져라
장애우 여러분 우리만큼 빈자리가 있을 수 있을까요 여기 지구에서
빈자리 채워주시지 않으면
천국에서 다른 어떤 이보다 더 풍요로이
채워주시리라 잠깐 감사기도 드린다
그분의 뜻과 섭리는 이것이 아닐까
그렇다 빨리 전 세계에 한 명도 빠짐없이
전도가 이루어져야 하리라
그러면 주님의 심판이 바로 우리들의 잔치가 열리도록

빈자리가 생기도록 나의 것은 가지지 말자
늘 빈자리에 있다가 기도에 열중하고
하늘나라 갈망할 때다
우리 아빠 꼬옥 안아주시리라

세상에 빈자리는 하늘의 풍성함이리
날고 싶다 빈자리를 만들 생각을 하니
마음이 가난하고 삶도 가난하고
내가 못다한 인생의 빈자리가 마음에
눈물 흘리며 뜨거운 감사기도를 드린다

백합화의 순결

우리는 장애자
장미줄기에 난 뾰족한 가시
왜 그대들이 장미꽃잎이 피고
향기마저 품고선 우리를 조롱하는가
너희들은 떨어진다
꽃잎은 영원할 수 없다
피다 지고 피다 질 수밖에 없는
세상 고달픔 속에서 사라질 수 없는 슬픔을 알길래
더욱더 예쁜 꽃으로 피지는 않을까

장미 한 송이를 샀다 나무에서 꺾인 장미도 아름다워 우릴 유혹한다
이빨로 하나씩 가시를 제거해 본다
조심스레 뽑았지만 이내 찔리고는 피가 난다 피! 그 붉은 피
우리 주님 십자가 피로 얼룩졌음을
세상은 그를 조롱했지만
조롱받을 수 없는 존귀한 존재
벌거벗고 십자가에 달렸지만
부끄러움은 없었으리
죄가 없기에 순백 그 자체는
수치란 없으니까
멋 모른 채 조롱한
옷을 입으면서도 부끄럽게 감히 조롱한 그들을
아버지 그들을 용서하시라고
용서, 회개 세상 찌든 때를 이긴 자만이
할 수 있는 백합화의 순결이 아닐까

감사기도란

우리는
심한 파도 위에 흔들리는 배

우리는
잡초라며 뽑거나 짓밟히는 세상에서
나도 한번쯤은 보통사람들의 삶을 살고 싶다는
해소시킬 수 없는 갈증

이래요
하나님 만나면 병도 고칠 수 있다고
이래요
하나님 만나면 부자될 수 있다며

진리를 전해야죠
그분의 참 사랑을 알려야죠

그럼
자기가 처한 병마도 가난도 받아들이고
감사기도 할 수 있음을
천국 소망 있으면 험한 세상도 흡수시켜
어려움도 잘 견딜 수 있다는 걸

장애우(3)

주님도 양손이 구멍난 채로
숨을 거두셨다
구멍난 손으로 제자들에게 나타난 이유는 뭘까
장애자가 아름다운 세상을
만들라는 무언의 표현이 아니었을까
장애우! 우린 뭘까
저 하늘의 별 하나가 떨어져
빛을 잃고 하늘만을 의지하며
겨우 숨을 들이쉬고 있는 건 아닐까
어둠속 별빛이 세상에 빛을 주려고
세상에 왔는데
이 세상도 그들을 거부하는가

주님은 외로웠을 것이다
세상의 눈총 때문이 아니라
하늘나라 그 강한 빛 아버지 그리워
밤하늘 별빛도 빛이 아님을
빛은 오로지 경이로운 아바 아버지 한 분인 것을
주님은 아바 아버지가 그리워
어둠속에서 하늘과 가까운 그 어딘가
그분에게 울부짖은 피의 기도 되었으리

장애우가 밤하늘 별이라도
그리워하게 우리 모두가
빛으로 다가서기를 바라며
두 손 모으고 기도 드린 손
이제 그만 내려놓아 본다

어우러짐

살아가자 우리
사람들 얼굴이 다 각각이듯
주어진 삶도 살아가는 방식도
모두 다르잖아

장애우란 꼬리표
누가 뭐라든
나만이 자신을 사랑하여야
우리는 타인의 장애에
돌아볼 수 있는 거야

주는 거란다
배가 고프면
음식을 찾듯이
우리 이런 인생이라도
열심히 인생길 선물을
나에게 네게
서로에게 주듯
고개를 돌리지 말자

주님이 있기에
내가 더 좋아
그분이 있기에
네가 더욱더 좋아졌어
심판이 있단다
우린 꿋꿋하게
살아가야 하는 거란다
천국에 다가설 때까지

평등

창살 있는 감옥과 같다
그 사이로 손을 내밀어
손이라도 햇빛을 쬐려고

비가 내리면
수건을 내밀어 빗물에 적시고는
얼굴에 문질러 본다
지금, 내가 무엇을 하고 있나
알 수 없는 가슴 쓰라림은
무슨 이유일까
한참을 멍하니 있었다

자유가 없는 이곳
아픔과 아픔만이 만나는 곳
자기 의지만으론 헤어나올 수도 없는
작은 이곳

우리에게 주어진 자연도
맘껏 누릴 수도
안기어 뛰어놀 수도 없는

생각을 바꾸자
못난이는 못난이 생각이라도
하게 될까 겁이 난다

우리들에게 빛이 있다면
탕자된 아들 더욱 반기고
잔치 열어주는 아버지다

우리는 그분께만은
정말이지 평등함을
가슴 아픈 이여 제발 알아다오

조건부

우리는 그러잖아
있는 그대로를 보게 되기를
쯧쯧쯧 손가락질은
너 자신에게 돌리고
다 같이 어우러지며
좋은 세상 만드는 건
너만이 하는 게 아니고
우리도 같이 해야 한다는 걸

넌 충분조건이고
난 필요조건만은 아니잖아
세상은 필요충분조건이란다

어쩜, 너와 난
아무것도 아닌 걸

서로 서로 기대고 살라고
아담이 이브가 선물이 됐듯이
공기가 주기만 할까
우리가 없다면
그 공기는 무의미함을
제발
우리를 꺾지 말아다오

나와 닮은 꼴

진정한 욕심쟁이는
주님의 사랑 더 받으려
믿고 항상 믿으며
그분의 사랑을 알아가는 것

쉿!
그대들 나와 같은 그대에게만
살짝 말하지
강한 울림으로
세상 바보에게는
주님께 맡기고

나와 닮은 꼴인 당신들을
찾으며 한 걸음 떼어본다

머릿속이 균형을 잃고
마음의 삐걱 소리
마음은 제대로 수저를 들 수도
똑바로 걸을 수도
아무것도 알려 않는
그저 뇌파의 작동이
고장난 나와 닮은 꼴
당신들을 위해
고운 두 손 포개어
감사기도부터 시작하노라

하나님 아버지 사랑

살아 있다
예전엔 죽고 싶다는 생각
어떻게 죽는 방법은 뭐가 있을까
세상은 나와는 거리가 멀다
선한 내게 보이는 건 암흑이다
죽음이 날 강하게 한다고
아버지도 날 미치게 하려고 강하게 찾아온 것 같았던
그런 내게는 성경이 없었다
조증약을 먹고 있으면서도
차가운 강물에 들어갔는데
놀라운 방법으로 살리신 아버지
교회로 이끄시고 그분의 사랑을 알게 된 성경속 말씀
끝까지 지키며
쓰러져도 아파도
사랑으로 이끄시는
말로는 표현할 수 없는 존재
나의 아버지, 나의 아빠

내게 커다란 아버지가 있다
부르면 나보다 더
나의 마음속 헤아려
주시고 주시고 주시고
언제까지나 주시고
난 받기만 하면 된다
믿고 감사한 마음으로 사랑을 배워가며 살리라

영원한 천국에서도 주시기만 할테지

장애우(4)

토끼는 깡충깡충
거북이는 달린다
우리가 거북이는 아닐까
열심히 달려야만
세상과 발 맞출 수 있는 것
천천히 아주 느리게 달려가며
주위를 돌아보자
아름다운 대자연 속에서
우릴 위로하는 것은 많으니까
깡충깡충 뛰어가다
우릴 조롱해 쉬어버리면
거기도 주님이 함께할 수 있을까
자연과는 삐걱거리는 세상과는
타협하지 말며
주님의 손길을 놓치지 말고
느리지만 강하게 살아가자
주님이 그 발자국에 힘을 더할테니

교만

어떤 장애든
장애우를 대할 때는
사랑으로 마주 서기 하세요
어머니가 아기와 마주할 때처럼
그런 사랑으로 다가서세요
그것은 잘났어도
노력하지 않아도
더 많이 가졌어도
아님을 우리는 알았으면 해요

약자 위에 강자
강자 밑에 약자
그 누가 말했던가요

인간이 서로가 무엇이라
구분 지을 수 있나요

장애우를 만나면
당신은 우쭐한가요
난 교만함보다 못한
장애는 없다는 생각이 드네요
더 이상 나에게
장애가 더 생기지 않게
그래서 난 그 교만함
내려놓는 중입니다

착각의 자유

빨강!
그 붉디붉은 색깔을 만날 때
망설임은 사치였다
구매하게 되면 오랫동안 즐긴다
세월이 많이 흐르니
다른 색깔들도 눈에 익는다
나에게 장애는 언제쯤 흐려질까
죽을 때까지 약 복용하고
술도 스트레스도 금물이다
그래 받아들이자
앞머리에 정신장애 정유정이라도
복지카드로 지하철 토큰을 구할 때도
사람들 시선을 즐기지는 못해도
'설마'라는 마음을 가지지 말자
수긍하자
다른 시에 장애를 이기려 말고
같이 동행해야 함을 껴안고 사랑하자고…
나의 장애를 말하면서 살겠다
인격적으로 하나님을 만나며
그럴 수가 있었다
사람들이 당당히 말하는 나를
부러워하는(?) 듯한 착각까지
장애라고 멀리 하는 이들에겐
나도 다가서지 않으리라
교만은 아닌데
내게는 그들이 내 인생에서 비껴가기를

홀로인 미소

누워서든 길을 걸으면서도
화장실에서 볼일을 보면서도
두 손을 깍지 잡는다

늘 함께라는 건 알지만
그분의 사랑으로
우리가 살아가길 바라실 테다

밤하늘에 별이 보이지 않아도
별이 빛나지 않는 건 아니란다

하나님 볼 수 없어도
먼 훗날 또렷하게
그분을 볼 수 있을 테니

삐걱거리는 이 세상 속에서도
나만의 행복을
홀로인 미소를 간직하며
누리면서
기다릴 테다

우리 장애인도 당신들과 똑같이
하나님의 귀중한 자녀란 걸
그대들의 고운 두 눈이
찌푸리지 않기를 바라며

또 잠시 첫사랑을 생각해본다

마지막 헤어진 아픔도 떠올려 본다
하나님과의 만남, 이별과는 너무나도 확연히 다르다는 걸
이 작은 가슴은 떨리운다

소망

살고 싶었다
너무나도 애틋하게
끝까지 버티려고 했다
그대들이 살아가는 보통 그런
인생이 너무나도 부러웠다

그래서인지
내 뇌리에도 각인시키려 했다
난 장애가 아니다
어쩜 그대들보다 더 건강한
자유를 누리며 산다고

그런데 하나님은
바보스러운 날
고난, 인내, 연단으로 갈고 닦아
다 함께 하늘로 가는
소망을 품게 했지

내게 삶은 하나님 만나면서
진정한 미소, 진정한 행복
무엇이 참 쉼인지도 알 것 같다
매일 매일 안식을 누릴 수 있게
하나님 안에서 보람된 일상을
하나님 우릴 만들고
심히 기쁨을 느꼈듯이
인생의 한 발자국에
그분의 말씀을 싣는다

사랑의 한 떨기

하나님과 나와의 시선
그 어떤 것도
방해하지 않고 물리칠 수 없으리라

혹여 세상을 사랑하거나
성경을 등한시하거나
하지만 아버지
그 어떤 곳에서도 하나님 앞으로
열심히 달려가고픈 유정이가
아버지 눈길 머무는 그 곳에
나의 눈동자도 머물게 하소서

부탁이 있어요 아빠
하늘나라에 저축한 것보다
억만배 많게 대출을 원합니다
우리네는 먹을 것이 넘쳐나는데
맛난 것 찾아 입은 즐거워하는데
세상에 한 끼니조차 힘들어 하는
충족 아닌 결핍된 아이들이
넘~ 많아요
아빠 아버지의 뜨거운 손길
언제나 그 천사들에게
사랑의 한 떨기 되소서

사랑이 자라다

아침 식사를 차려놓고는
아빠가 그립고 보고파
눈물이 흘러요

눈물 섞인 밥이
끼니조차 할 수 없는
아픈 이들이 생각나
입 언저리가 아파
수저를 놓았답니다

난 당신을 알고
모든 것이 새롭게 변했습니다

발랄함은 더해가고
마음의 넉넉함이 자라나
불우이웃도 안아보고
사람들이 겹쳐
당신께로 가는 찬양시도
쌓여만 갑니다

주여!
이제 그만 내게서 사랑을 거두소서
여기까지만 당신 사랑 알고 느껴도
영원히 당신만을 사랑할 터이오니

나

내가 가진 재능을
내게 남은 지혜를
내게 있는 사랑도
모두 다 모아서
단 한번에 불살라
이 한몸 다 바치어
그 모든 일을 한번에
마치고 쏟아서
난 하늘로 나르고 싶네

힘이 들어요
장애를 만나면
아파요
장애우를 대할 때는
할 수 있는 게 없네요
아빠, 어떡해요
주 아버지 내게 줄 수 있는 게 있다면
내 남은 생애 주시려는 달란트 있다면
마음 치료하는 마음이 넓고 높고 깊게
만들어 주실 수 있을만큼 내게 다 주소서
그리고
마음이 급한 날 또한 용서하소서
오늘의 기도제목을 가지고
잠시 후 아버지께로 갈테니
제 기도에 집중 또 집중해 주시기를

오늘 하루

불의를 보면 참습니다
그것이 하나님 말씀과 합당하면
내 언성은 부드러우면서도
칼날같이 강합니다

보통 사람들이 낮은 이를
초라하게 예의를 갖추지 않으면
그가 세상 사람들과 같이 조그마한 것에도
더 높아지려 할텐데
그에게 속한 마음까지도 잘라야 합니다
높은 곳에 있을 때 낮음을 본다면
그 부드러움은 세상 사람들에게
존경을 받고 그것이 마음에서
우러나는 참 진실일 땐
하나님께서도 감동받는
참사람이 되는 것일테죠

낮아지렵니다
내게 있는 모든 것들을
낮아지려 낮아지려
나는 오늘 하루를 또 시작해요

착각과 오해

울부짖는 기도를 올려요
굵은 눈물 줄기가 마스크를 다 버릴지라도
아니 되는 건 아니 되는지요
내게 모자람이 무얼까
나 가진 것이 없어 자유를 누릴 수 없다면
아버지, 내가 이토록 원하는데
작은 소망 이루게 하소서
이 소망, 자유를 갈구하는 이 심정도
아버지도 내 마음 아실 거예요
착각인가요 많이 착각 중인가요
성경을 헤집고 아버지 마음 심히 조금은 알겠다고
정신병동에 여러 장애우들과 어울리며
이웃을 쬐금 안다고 생각했는데
내가 날 오해하고 있나요
지금, 가슴 두근거림으로 애원 토합니다
착각도 오해도 아님을
주여 유정이가 아파요
제발

3부

사 랑

천국 소망

이런 우리가 되게 하소서
불의를 보면 욱~ 하는 것보다는
지혜롭게 하기를 간청하옵고

사랑에는 무한정 주어도
아깝지 않을 덕망을 주시옵고

반려자가 먼저 하늘나라에 간다면
아름다웠던 추억으로
감사하옵기를 빌며

누군가의 축복을 원한다면
성경의 좋은 말씀 전하게 하시오며

어떤 이의 사랑에서
이별을 맞이한다면
그 사랑이 온전히 살았음에
천국 소망을 기도하게 하소서

우리의 소원(바람)은 사랑하는 사람 모두 함께
아버지 품으로 가는 것이외다

아버지, 나의 사랑하는 그에게
담대함을 가지게 하소서
당신의 오른팔을 들어올리는
강한 자가 되게 하소서

주여

네가 날 사랑하는게
제발
착각이 아니었으면

만약 신이시여
그의 착각이라면
난 고개를 돌려야 하나요
아님,
그가 깨달아 날 멀리 하기 전에
달아나서 꼬~옥 숨어야 하나요
이별을 말하기 전에

그에게 부나 명예나 세상 어떤 것도
부여하지 마소서
내게서 떠나 세상을 사랑하지 않도록
아버지의 허리띠로 꽁꽁 묶으소서
주여,

소망 하나

아버지, 소망 하나 품습니다
그와 나의 주어진 시간 속에서
서로가 닮아가게 하소서
그로 인해 삶이 더 빛나는 삶이게 하소서
그가 날 업고 걸을테니 당신은 그의 손잡고
남은 인생 걸어가게 하소서
그리하여 난 그의 등에서 내리고
마주 보며 살 수 있는 삶의 용기를 주소서

날 이끌어주신 아버지
이젠 그를 인도하소서
당신이 날 사랑하시던
모든 것들의 기쁨, 환희
그에게 얹으소서
지금껏 내 마음의 등불인 주님의 보금자리
이젠 그를 품으소서

소망 하나 기도하며
담대하게 걸어가리다
조그마한 소리로 다시 한번 읊조립니다
감사한 사랑이게 하소서

못난이 내 사랑

그를 사랑하면 가슴이 아팠다

한쪽 숨은 가슴언저리는
죽을 때까지 너만의 자리이겠지
날 보는 눈길 외면할 수 없는
숨은 가슴 언저리 심장을 가졌으니

괜찮아 정아
널 지극히 사랑하는
주님이 인도하시니
두려움 없고
이 사랑
피하지 않고 도전하는 거야

그와 손잡고 거리를 거닐 수 있기를
그날이 반드시 오기를
주님 허락하소서
내 못난이 내 사랑을

당신만은

당신만은 미친 세상 삶에
모른 척이라도 하는 순수한 사람이면 좋겠습니다
당신만은 이상야릇한 속된 말로
여자를 유혹할 수 있다는 착각은 하지 않았으면 합니다
당신만은 세상 속에서도
순수함을 가지려는 그대만의 여자를
다른 사람과 구분하였으면 좋겠습니다.
당신만은 제발 바로 보아주기를
세상 날라리가 아닌 하나님 날라리라는
그런 여자가 당신을 사랑한다는 것을

하나님 아버지
우리 사랑 끝까지 지키어
아빠 품에 안기울 때까지
서로가 기대고 바라보며
당신의 미소가 우리에게
머물기를 간절히 바라옵니다

믿음 씨앗

널 미워하게 해주라
나도 그럴테니
어쩜 이별을 말하는
헛된 용기가 우리에게도 생길까

감히 날 사랑하냐고 그래주라
나 또한 그럴테니

아니에요 생각하지 않으려 해도
커다랗게 떠오르는
너라는 그리움
내 마음의 지우개는 소용이 없어라

'사랑해' 한마디를 주고받았어요
분명 우린 이별을 말하지 않았어요
바보 사랑을 용서해요
널 보며 네 사랑
의심하지 않았으나

하늘이여 빛을 내리소서
주님만을 믿듯
우리 사랑에도
믿음 씨앗 심으소서
내리소서

사랑의 이유

파아란 하늘 위
천사들을 쫓느라 바람이 매섭고
같은 하늘 아래
잠시 동안 너와 내가 머무른다면

내 시선 네 눈동자에
너의 얼굴 내 두 손 안에 머금고선
하나님 들리도록 힘껏 외치리라
아빠 사랑합니다
그리고 이 사랑 감사합니다
나의 한마디 한마디
사랑을 담으려
멋진 제스처 보이리라

사랑은 노력이 아니다

자연스러운 것

난 네가 왜 좋은지 모르므로
네가 더욱 사랑스럽다

맞춤형 사랑

무심코 미소를 지어봄은
기쁨을 맞이할 준비를 하는 것이리라

열심히 배우자 기도 드렸더니
내가 바란 대로가 아니라
맞춤형 사랑을 보내셨구나

바다 같은 그 마음에
어두웠던 과거는 이별을 하고

하늘나라에 띄운 무지개 풍선은
밝은 미래를 예시하듯
기쁨의 바람 내음 향기까지
품고 있구나

사랑하는 내 남자에게
사랑스런 여자가 되어야 하리

행복을 주는 그에게
맞춤형 여자가 되어야 하리라

사랑

하나하나의 삶에 주님이 차려놓은 밥상처럼
하나님의 일에 순서가 있다면
그런 남자도 정렬하게 각을 지어
속마음 표현이라도 하는 걸까
온순하다가도 정열이 있고
그 정열 과하여 세상 벗까지 슬픔을 마시고
때로는 알콜과 벗하며 세상 아들에 속하는 것 같구나
순수함을 잃지 않으려 세상악을 술과 함께
걸러내기라도 하는 걸까
아버지, 이해되지 않는 말과 행동은 그의 것이 아닌 듯
당신의 뜨거운 눈물로 그 눈물 씻으소서
울부짖는 기도에 이제 그만 응답하소서
그의 영이 둔하여 아버지 눈물을
그를 향한 눈물에 색안경으로 보는 걸까
아버지, 그 사람 내 것 되게 하여 감사
잘 어울릴 듯 말 듯한 성품도 감사
부딪칠 일 많더라도
아버지의 손길과 당신을 바라보는 순수한 열정
세상악의 손을 놓고 아버지만 바라기 하고
태양빛처럼 밝게 당신과 교제하며
잘 살아갈 수 있으리라
우리에게 강한 힘 되게 하소서

주님 주신 미소

보고 싶다
왜? 라고 묻는다면
머뭇거릴 테시만
사랑은 이유가 없다
심장이 고장난 것처럼 마구 뛰어버린다

마음껏 보고싶지만
이내 고개 숙이고 마는
당신이 무척 좋은가보다

콩닥콩닥 뛰는 가슴
누구에게도 내 님에게조차
들키지 않으리

어긋날 것만 같은 창호지의 삐걱거림
주님이 치료하시고
우린 그저 사랑만 하기로

사랑하자
하늘이 허락한 바라기 사랑
지금, 주님을 향해
내 님을 떠올리며
마냥 미소 지어본다

시 쓰는 이유

시를 쓴다

사랑의 시가 주님 울리기를 바라며

시를 쓴다
세상에 그 만으로도 가득함을
속마음 토하지 않으면
이 사랑은 병이 될 터이니

시를 쓴다
널 사랑하는 글이 널 울려
주님을 더욱 믿고 살아가길

시를 쓴다
엉망인 삶의 기로 위에
네가 있음을 감사하면서

선물

지금 또다시 무릎을 꿇는다
간절한 기도
굵은 눈물덩이가 주체가 없구나
내가 사랑하는 십분의 일이라노
주님을 사랑하는 그이게 하소서
십자가 보혈 온몸에
흘러넘쳐 사랑 알게 하소서

그가 좋은데 여기서 멈추라고
제발 사랑 못난 사랑일지언정
이어가게만 하소서

내 것은 내 것이 아니라
다 주의 것이요
과거, 현재, 미래, 영원까지
내 것은 하나라도 가진 것 없나이다

온몸을 함께하며
나와 함께하신 주여
잠시 주님 그늘 아래
그를 마음껏 사랑하게 하소서

주님을 알고
사랑을 이어가는
당신의 선물이리라

몸짓

하나님 사랑
제자리 걸음
지금 너만 사랑하기 위해
네 얼굴 그려본다
또렷하게 나타나 이내
사라지는 너의 눈 코 입
인연의 끈 끊어져도
인생은 이어갈테지만
지금은 오늘 지금 이 시간만 알기로 하자

조금 더 이쁜 모습
더욱더 나의 매력으로
그를 사로잡기를
하나님 오랫동안 당신을 위해
나의 몸짓이 있었죠
하나님 지금 잠시
그를 위해
몸짓이 되기를 원해봅니다
용서하소서 당신께서 하시는 용서가
우리의 사랑의 끈이 되리라

작은 떨림으로 미소짓게 하시고
행복하게 하도록
입술이 파르르 움직이옵니다

주님의 착각

네 죄다
왜 내가 사랑이 그리울 때
진작 나타나지 않았으니
내 죄다
네가 딴 길로만 걸어갈 때
마주 서려 기다리지 않았으니
주님의 죄다
우리가 만날 수밖에 없었던
늦은 우리의 만남은 주님의 착각이다

네가 내 앞에 있다는 것만으로
넌 할 일을 다하였다
그것만으로 네 사랑 충분하다

이미 네게
내 사랑 들켰으니
하늘이 허락하는 그날까지
우리는 앞만 보고
두 손 놓지 않고 걸어가리라
사랑은 어디까지 가능한지
최선을 다하리라

날 사랑하는 나
그런 내가 지금 널 사랑하니까

사랑의 몸짓

한 다발의 후리지아꽃을 아름다이
감싸 두른 안개꽃 한다발
내 품에 안기어준 사랑의 한 남자

무수한 사랑을 표현하며
하나님께 웃음을 안기려
노력하지 않아도
이어가는 일상들의 자연스런
그 사랑의 몸짓이어라
스스럼없이 주고받는 그 사랑의 언어들

널 사랑하리라
다짐하고 맹세치 않아도
터져나오는 수많은 언어들과 몸짓들

사랑이어라 단정치 말자
앞으로 하늘나라 들어갈 때까지
뜨겁고 아름다운 사람들이
천국에 맞닿아
천상 위 그곳에서도
불타오를테니

유치함과 질투

사랑은 참으로 유치하다
유치원생들도 그리하지 않을 터인데
어른의 사랑이
우리를 바라보는
아빠의 마음에는 무엇으로
받아들이게 될려나

사랑을 어린아이 같은 마음으로 하니
신기하게도 정말 소꿉놀이 장난이 된다
우리의 사랑이 아빠를 미소짓게 되기를
아빠의 사랑이 내리어
우리를 통해 많은 사랑 낳게 하소서

봄날씨가 짓궂어 꽃들을 시샘해
차가운 바람이 바깥세상을 외면한다
바깥세상이 그리워 세상에 나왔지만
날씨가 꽃향기 품은 날 희롱하는구나

사랑이 참 향기로웠다가
때론 뜨거웠다가
곧 식어 차가워 버리는
봄의 향연 같구나

차가운 바람이 가면 우리의 뜨거운
여름 태양 같은 걸 질투할 수 있을는지

축복된 사랑

그를 바라보는
입 언저리가 떨린다
그가 볼까 고개 떨구는
내 사랑은 바보인가보다
오랫동안 얼굴을 마주 하고 싶은데
부끄러워 피해버리는 못난이 사랑

널 보며 수줍게 웃었듯
널 보면서 울기도 할테지

이런 사랑 주신 하나님께
감사 올립니다
조금씩 아주 조금씩
만남을 가지며
완성된 사랑이도록
서로에게 위로가 되자

내가 울 테니까 넌 웃어주길
내가 웃을 테니 넌 안아주렴

주님
정말 당신께서 허락한 사랑이옵니까
이 사랑 축복되게 하소서

장미 한 송이

어느덧 많은 시간들이
너와 나를 안아주었다
아기가 엄마 품속에 파고들 듯이

나도 모르게 이른 새벽
장미에 이슬 내리듯
그렇게 몰래 사랑이 이어간다
햇빛이 들면 나도 몰래
스미듯 장미에 아름다움이 짙어가리라

장미 가시는 부드러운 입술로
그를 위해 없애기로 하자

나이 먹을 만큼 먹은 여인이
네 앞에서는 작은 아이이기도…
수줍은 여자도 되어보고
장난으로 그를 웃게도 하고

그는 장미가 되고
난 그를 받쳐주는
가시 없는 줄기가 되자

햇살이 눈부셔 바람도 시샘하는
3월의 봄날
주님 빛줄기에 장미 한 송이
아름답기만 하여라

그리움의 시간

무엇보다 널 그리워하는
이 시간 참 좋다
시간이 지나면 넌 내 앞에
나타날 테니

기다림 뒤에 오는 만남
귀를 울릴 만큼 널 보는
나의 속마음 폭죽이 터지리라

넌 내가 웃는게 그리도 좋으니?
나는 네가 웃는 게 무척 좋아
내 사랑이 너라서 감사해
그 이유 너도 나도 모를테지

우리 기도하자
왜 우리가 사랑하고 있는지
그분은 아마도 아니 분명 아실 터이니

우리 기도하자
이 사랑이 감사가 되기를
내 두 손 위에 네 두 손
곱게 포개어

다정한 연인

아빠, 사랑이 내 사랑이 아파해요
날 만나기 전에 아파온 병이라
왜 그렇게 아파하는지 지금은 물을 수가 없네요
힘이 되어주어야 하는데…
삶의 기쁨을 알게 하고 싶은데…
내 사랑이 지금 그에게
한참 모자라나봐요
우리의 만남이
사랑이 아빠를 기쁘게 하였으면
이 간절한 마음 당신은 이해하고 아시리라
무릎 꿇으라면 납작 엎드리라면 그리하리
사랑으로 시련을 겪게는 마세요
내게 사랑하며 살 시간이 많지가 않을 듯

서로가 사랑만 말하고
아픔은 이제 말하지 마세요
그래요 우리는 아픔과 아픔이 만나
이제야 사랑이라 말하기 시작합니다

누구에게도 사랑으로
다정한 연인이 되게 하소서

사랑이 지나가면

사랑이 지나가면
아픔만 남을까요
만남이 아팠다면
이별이 후련하기만 하나요

사랑은 내게서 사랑이란
스펀지처럼 강하게
내 사랑의 정점에
그 사랑만의 색깔로
물들어갑니다

내게서 내 인생에서
스쳐간 내 사랑을
모두를 축복합니다
하나하나가 내 인생을
아름다웠다가
수묵화로 흐려졌다가
내 인생 마지막이 되면
한 컷 한 컷으로 기도를 드리며
진정 핏빛일지언정 감사하다고 되뇌이고는
아버지 품으로 그 은혜로
새로운 보금자리 천국으로
무사히 새로운 빛으로
천국 백성 되리라

감사합니다 내 인생 주인공에
삶을 주신 모든 이들에게

천국 가서는 영원히 간직하기를
감사함으로 내 입술은 떨리옵니다

사랑은 기다림

자꾸만 재촉하지 마
서두르다가 네게서
내 사랑이 떠나갈까봐
내가 떨리기까지 하잖니

왜 그리도 불안해 하는거야
꽃이 네 것이 될 때까지
네 사랑 햇빛도
따스한 산들산들 바람도
투명한 네 마음 공기로
기다리고 기다려야지
시들지 않는 꽃이 영원히 네 것이 될 수 있는 거란다

기다리자 내 사랑
하나, 둘은 시작되었고
벌써 우리가 '칠'을 외치고 있어
'열'을 우리 입으로 말할 때까지
조금만 기다리고 우리는 하나가 되는 거란다
이제 세 번만 더 눈을 깜빡이면
우리 사랑은 헤어지지 않고
사랑 더하기를 하며
행복하게 웃으며 살테지
사랑이란 이름으로
기다림의 여유로
우리 사랑 알차게 영글어가리라